Bibliografische Information der Deutschen Nationalbibliothek:

Die Deutsche Bibliothek verzeichnet diese Publikation in der Deutschen National-
bibliografie; detaillierte bibliografische Daten sind im Internet über http://dnb.d-
nb.de/ abrufbar.

Impressum:

Copyright © 2017 GRIN Verlag
Druck und Bindung: Books on Demand GmbH, Norderstedt Germany
ISBN: 9783346172136

Dieses Buch bei GRIN:

https://www.grin.com/document/593484

Michael Lindner

Spezielle didaktische Ansätze zur Erwachsenenbildung

Lernmöglichkeiten von Outdoor-Trainings, Konzepte der Vollständigkeit von Aufgabenstellungen und des gleichberechtigten Vergleichens, Big-Five-Persönlichkeitsmerkmale

GRIN Verlag

Technische Universität
Kaiserslautern

Distance And Independent Studies Center (DISC)

Fernstudium „Erwachsenenbildung"

Einsendeaufgaben zum Modul EB 0500
„Spezielle didaktische Ansätze"

EB 0510:   Handlungs- und erfahrungsorientiertes Lernen in der Erwachsenenbildung

EB 0520:   Emotionale Kompetenz durch angeleitete Selbstbildung

EB 0530:   Persönlichkeits- und Kreativitätsförderung

Einsendeaufgabe 1

Lernmöglichkeiten und -grenzen von Outdoor-Trainings

Lösung

Eine Besonderheit und hervorzuhebende Lernmöglichkeit des Outdoor-Trainings gegenüber anderen Methoden (z.B. ‚normalen' Weiterbildungsveranstaltungen) liegt in den
Wirkzusammenhängen der Natur, die die Teilnehmer zwingt, eigenständig ein System
konstruktiv zu gestalten.[1] Soll z.b. das Verhalten in einer bestimmten Alltagssituation
verändert werden, wird eine reine Wissensvermittlung und ein Training ‚on the job' (in
der gewohnten Arbeitsumgebung) wenig bis kein Verhalten ändern.[2] Entfernen sich die
Teilnehmer aber zeitlich und räumlich von ihrem Anwendungsfeld, wirkt alleine schon
die ungewöhnliche Umgebung verunsichernd und bei der Bewältigung der gestellten
Aufgaben kann nicht auf routinierte Erfahrungen zurückgegriffen werden. Durch die
emotionale Beteiligung der Teilnehmer in Outdoor-Trainings wird zudem verhindert,
dass sich einzelne Teammitglieder hinter abwehrenden Sachdiskussionen verstecken
und sich damit einer kritischen Hinterfragung und der Chance auf Entwicklung entzie-
hen.[3]

Auch die Vielfältigkeit der zur Verfügung stehenden Übungen ist eine große Stärke von
Outdoor-Trainings. „Die eine Person macht ihre entscheidenden Erfahrungen im Seil-
garten, eine andere hat ihre ‚Aha-Erlebnisse' eher bei einer der Problemlösungsaufga-
ben und jemand Drittes merkt auf einmal bei einer Tourenplanung, welch unglückliche
Rolle er innerhalb des Teamgefüges spielt."[4] „Und schließlich schafft die Breite der zur
Verfügung stehenden Aktionen die Möglichkeit, durch bestimmte Übungen verschiedene
Themen in einem Training zu bearbeiten."[5]

Auch ‚normale' Weiterbildungsveranstaltungen bieten eine große Auswahl von Möglichkeiten und Methoden, doch sind sie zeitlich vor allem aber räumlich oft limitiert. Mit ‚komplexen Szenarien' in Outdoor-Trainings hingegen, können sehr große Organisationsein-
heiten bis hin zu ganzen Organisationen gemeinsam trainiert werden. In diesen ‚komplexen Szenarien' werden verschiedene Outdoor-Elemente zu einer ‚Rahmenhandlung'
zusammengesetzt und die Aufgabe besteht meist darin, in einem virtuellen Unternehmen Ressourcen (Mitarbeiter, Finanzen und Material) sinnvoll zu managen. Beispiele
könnten hier sein: Erstellung eines Fünf-Sterne-Menüs auf Spirituskochern im Wald oder
kreative Aufgaben mit Bezug zur aktuellen Unternehmenskultur (Sketche,

---

[1] vgl. Schad, N., „Outdoor-Training", Seite 49.
[2] vgl. ebd., Seite 32.
[3] vgl. ebd., Seite 117.
[4] ebd., Seite 18.
[5] ebd., Seite 18.

Theaterstücke).[6] Des Weiteren kann im Gegensatz zu ‚normalen' Weiterbildungsveranstaltungen bei Outdoor-Trainings in praktischen Übungen mit Metaphern gearbeitet werden, die strukturelle Ähnlichkeiten zu den Lebens- oder Arbeitssituationen der Trainings-
teilnehmer haben. Der Vorteil gegenüber Indoor-Veranstaltungen liegt dabei besonders
in den hautnah, unmittelbar und emotional wirksamen und erfahrbaren Erfolgs- oder
Misserfolgserlebnissen. Dabei können sowohl individuelle psychische Dispositionen als
auch komplexe Organisationsstrukturen metaphorisch dargestellt werden.

Auch im interkulturellen Bereich haben Outdoor-Trainings besondere Lernmöglichkeiten.
„Im Unterschied zum interkulturellen Indoor-Training bieten Outdooraktivitäten [...] den
Teilnehmern die Gelegenheit, kulturübergreifende, menschliche Phänomene wie Angst
und deren Überwindung, Hilfsbereitschaft, Erfolg und Freude zu erfahren - grundlegende
Erfahrungen, die der Schritt aus dem Komfortbereich heraus mit sich bringt."[7] „Durch die
ungewohnten Herausforderungen des Outdoor-Trainings in interkulturellen Gruppen
kann die Erfahrung der Fremdheit in einem doppelten Sinne erlebt werden: durch die
Fremdheit der TeilnehmerInnen untereinander und die Fremdheit der Situation. Verun-
sicherung kann am eigenen Leibe erfahren und ein Stück Ambiguitätstoleranz geübt
werden."[8] In der Regel entsteht im Laufe des Trainings eine Atmosphäre emotionaler
Verbundenheit, weil die Erfahrungen gemeinsam durchlebt wurden. Hinter allem, was
befremdlich wirkte, kommt der Mensch zum Vorschein.

Outdoor-Trainings haben aber auch Grenzen und sind mit besonderen Gefahren und oft
mit erheblichem Aufwand verbunden. Um ein Outdoor-Training sinnvoll vorbereiten zu
können, werden i.d.R. sehr viele Vorinformationen über das Unternehmen, das Alltags-
verhalten der Zielgruppe und die individuellen Dispositionen der teilnehmenden Personen benötigt. Dies ist zwar kein Spezifikum von Outdoor-Trainings, allerdings ist dieser
Teil des Trainings dort besonders zeitaufwändig und damit kostenintensiv. Auch das
Training selbst ist meist zeitintensiver als ‚normale' Weiterbildungsveranstaltungen,
denn zu der reinen Trainingszeit kommen noch An- und Abreisezeiten hinzu, die umso
länger sind, je abgelegener der Veranstaltungsort liegt.[9]

Outdoor-Trainings sind didaktisch teilweise sehr schwer vorzustrukturieren (ein pädago-
gisch sinnvolles Gewitter zur rechten Zeit ist z.B. nicht buchbar) und im Seminar stellen
sich unter Umständen ganz andere Schwerpunkte heraus, als aufgrund vorheriger An-
nahmen geplant waren. Es kann aber auch sein, dass aus Sicht des Trainers die

---

[6] vgl. ebd., Seite 18.
[7] ebd., Seite 127.
[8] ebd., Seite 129.
[9] vgl. ebd., Seite 16 & 30.

Grundhypothesen der Entscheider ein zutreffendes Bild der Gruppe vermitteln - und trotzdem reagieren die Teilnehmer auf die Aktivitäten anders als angenommen.[10]

So vielfältig die Verwendung der Medien in Outdoor-Trainings ist, so heterogen sind auch die Zielgruppen und die damit verbunden Ziele der Seminare. Deshalb kommt es hier in Abhängigkeit der thematischen Schwerpunkte ganz besonders auf die richtige Auswahl der einzelnen Methoden an. Stehen eher individuelle Themen wie Selbstmanagement, Risikoverhalten und die Fähigkeit, Grenzen zu ziehen im Mittelpunkt oder kommt es eher auf positive Auswirkungen auf den Teamgeist der Teilnehmer bzw. der Organisationseinheit an. Bei ‚normalen‘ Weiterbildungsveranstaltungen ist die Wahl der Mittel (auch die falsche Wahl der Mittel) nicht ganz so entscheidend. Ob nun ein Beamer, ein Flip-Chart oder eine Metaplan-Tafel verwendet wird hat auf das Ergebnis des Seminars eher geringe Auswirkungen.

An Outdoor-Trainer werden im Vergleich zu ‚normalen‘ Weiterbildungsveranstaltungen ganz besondere Anforderungen gestellt. Um ein nachhaltig erfolgreiches Training durchführen zu können, braucht es mehr, als Seile richtig einhängen zu können. Eine fundierte pädagogische und therapeutische Ausbildung bzw. Beratungs- und Fachkompetenz in dem jeweiligen Trainingsbereich (Vertrieb, Management,...) ist notwendig, um im Lernraum Natur beim Individuum verantwortungsvoll und professionell Entwicklungen zu initiieren.[11]

Ein Outdoor-Training nimmt seinen Anfang (in der Vorbereitungsphase) mit der exakten Ermittlung des Trainingsbedarfs und der gründlichen Auftragsklärung. Beides sind wichtige Schlüssel zum Trainingserfolg. In dieser Phase gehört es auch zu den Aufgaben des Trainers, unrealistische Erwartungen zu erkennen und ins rechte Licht zu rücken. Das bedeutet, er sollte nicht nur die verschiedenen Trainingsmöglichkeiten anschaulich darstellen, sondern auch auf Grenzen bzw. Vor- und Nachteile deutlich hinweisen. Danach sind die verschiedenen Outdooraktivitäten und -übungen, aber auch die Zeit, der Rahmen, der Ort, die Art der Unterkunft und die Verpflegung zu planen. Den Abschluss der Vorbereitungsphase kann das detaillierte Informieren der Teilnehmer bilden; entweder in Form einer umfassenden schriftlichen Zusammenfassung (Ort, Zeit, Ausrüstungsliste,...) oder in Form eines Treffens, bei dem die Teilnehmer die Möglichkeit haben, Fragen zu stellen und auch Befürchtungen zu äußern.

Während der Durchführungsphase eines Outdoor-Trainings können die gruppendynamischen Prozesse innerhalb der Übungen und Aufgaben für ‚Überraschungen‘ sorgen

---

[10] vgl. ebd., Seite 30.
[11] vgl. ebd., Seite 67.

und das Training ganz anders verlaufen lassen, als ursprünglich geplant. Auch die Wetterbedingungen können ein Trainingsprogramm durcheinander bringen. Ein erfahrener und prozessorientierter Trainer verfügt optimalerweise über einen großen Fundus an Übungen und kann auf viel praktische Erfahrung zurückgreifen, die ein schnelles ‚Umdesignen' ermöglicht.[12] Bei der Prozessorientierung des Trainers spielt auch seine Haltung eine wichtige Rolle. Wenn er die Anliegen und Ressourcen der Teilnehmer in den Mittelpunkt stellt, wird er Tempo, Themen und Methoden an der Gruppe flexibel ausrichten. Und ein Trainer, der die Selbstwirksamkeit und Autonomie der Teilnehmer stärken möchte, wird ihnen entsprechende Freiräume zur Selbststeuerung geben. In dieser Phase spielt auch die physische und die psychische Sicherheit eine sehr wichtige Rolle und ist ein absolutes Muss bei Trainings in der Natur. Bei der psychischen Sicherheit geht es nicht darum, negative oder unangenehme Gefühle im Training gänzlich zu vermeiden. Es geht vielmehr darum, ‚psychische Verletzungen' zu vermeiden und darauf zu achten, dass psychische Grenzen nicht überschritten werden. Es erfordert eine besondere Sensibilität des Trainers, dies zu vermeiden bzw. früh zu erkennen und bei adäquatem Umgang Spätfolgen zu verhindern. Die physische Sicherheit ist dagegen wesentlich greifbarer. Hierbei sind Gefahren für Leib und Leben (z.b. durch Abstürze aus großer Höhe u.ä.) zu erkennen und zu verhindern. Neben entsprechenden Qualifikationen des Trainers können auch vorab durchgeführte Gesundheitschecks der Teilnehmer oder beispielsweise auch die Verwendung hochwertiger und regelmäßig gewarteter Materialien dazu beitragen, diese Risiken zu mindern. Bei besonders anspruchsvollen Übungen kann aus Sicherheitsgründen auch nach dem Redundanzprinzip (doppelte Sicherheit) oder mit zwei Trainern gearbeitet werden, die sich nach dem Vier-Augen-Prinzip gegenseitig kontrollieren.

Schließlich stehen in der Phase der Nachbereitung Schlagworte wie Auswertung, Transfer und Ergebnissicherung im Mittelpunkt. Die Wirkungen von Outdoor-Trainings sind so vielschichtig, dass pauschal von ‚dem' Transfer nicht gesprochen werden kann und letztlich muss der Transfer von den Teilnehmern selbst geleistet werden. Der Trainer sollte aber zunächst innerhalb des Outdoor-Trainings Zeit und Raum für die Auseinandersetzung mit den Transfermöglichkeiten einplanen, aktiv schaffen und den Transferprozess (wenn nötig) mit anregenden Fragen einleiten. Im weiteren Verlauf kann seine Transferunterstützung darin bestehen, Konkretisierungen der Seminarergebnisse (z.B. globale Ziele in praktische Schritte umzusetzen) und deren Dokumentation zu fördern (um beispielsweise dem Vergessen vorzubeugen).

---

[12] vgl. ebd., Seite 77.

Von Trainerseite bieten sich u.U. noch nachgelagerte Follow-up-Veranstaltungen an, auf denen die Umsetzung der Transferziele überprüft werden kann, möglicherweise die ein oder andere Vereinbarung noch einmal modifiziert wird und weitere Schritte erarbeitet werden können.

Einsendeaufgabe 2

Das Prinzip der „Vollständigkeit von Aufgabenstellungen"

Lösung

Die ‚Vollständigkeit der Aufgabenstellungen' ist ein Merkmal der Projektmethode, in deren Zusammenhang als einer ihrer Vordenker meist der amerikanische Philosoph und Pädagoge John Dewey (1859-1952) genannt wird. Bei der ‚Vollständigkeit der Aufgabenstellungen' steht die Aneignung von beruflich relevantem Handlungswissen an Hand von komplexen Aufgabenstellungen im Mittelpunkt. „Die Aufgaben sollen realitätsnahe Anforderungen an den Lernenden stellen, bei deren Bewältigung Wahrnehmung, Denken und Tun sinnvoll und regelkreisartig gesteuert verknüpft werden. Das Ziel besteht darin, in der Auseinandersetzung mit Aufgaben sowohl die praktische Bedeutung berufstheoretischer Erkenntnisse zu erfahren, als auch in umgekehrter Richtung wieder mit vertiefenden Fragen und Anforderungen an diese theoretischen Erkenntnisse heranzutreten."[13]

„Die Aufgabenerstellung kann nur vollständig sein, wenn sie die Handlungen, die erlernt und vertieft werden sollen, umfassend berücksichtigt. Eine ‚vollständige Handlung' besteht aus sechs Elementen:

• Informationsbeschaffung
• Abwägung von Handlungsalternativen
• Entscheidung über die Vorgehensweise
• Durchführung der Arbeit
• Kontrolle der Arbeitsergebnisse
• Bewertung und Auswertung der Ergebnisse und des Arbeitsprozesses"[14]

Je größer dabei die Nähe zu realen Situationen ist, desto größer ist die Transferchance und je größer das Repertoire an Varianten der Bearbeitung und Lösung von Problemen ist, auf die der Lernende zurück greifen kann, desto mehr konzeptionelle Modelle hat er zur Verfügung, um in seinem späteren realen Arbeitsumfeld entsprechende Situationen lösen zu können.

Ein Beispiel für die Umsetzung der ‚Vollständigkeit der Aufgabenstellungen' aus einem beruflichen Lernfeld soll im Folgenden die Berufsausbildung zum Fluggerätemechaniker und zur Fluggerätemechanikerin darstellen. Im Jahr 2013 kam es zu einer Neustrukturierung sowohl des Rahmenlehrplans als auch der Ausbildungsverordnung für diesen Ausbildungsberuf. Es kann vermutet werden, dass diese Änderung und Anpassung u.a.

---

[13] Höffer-Mehlmer, M., „Handlungs- und Erfahrungsorientiertes Lernen in der Erwachsenenbildung", Seite 38.
[14] ebd., Seite 39.

auf die im Studienbrief EB0510 (auf S. 39 & 40) erwähnte Kritik an den bisherigen For-
men und Inhalten des Lehrens und Lernens in Berufsausbildungen und der in dem Zusammenhang fehlenden Handlungsorientierung zurückzuführen ist.

Zentrales Ziel dieser Neustrukturierung war es, den Auszubildenden die berufsbezogene
und berufsübergreifende Handlungskompetenz zu vermitteln, die sich in den Dimensio-
nen von Fachkompetenz, Selbstkompetenz, Sozialkompetenz, Methodenkompetenz,
kommunikative Kompetenz und Lernkompetenz entfaltet. Mit diesen in der Berufsausbildung erworbenen Kompetenzen sollen die ausgebildeten Fluggerätmechanikern und
Fluggerätmechanikerinnen zur Erfüllung der spezifischen Aufgaben im Beruf sowie zur
Mitgestaltung der Arbeitswelt und der Gesellschaft in sozialer, ökonomischer und ökolo-
gischer Verantwortung, insbesondere vor dem Hintergrund sich wandelnder Anforderungen, befähigt werden.

Bei Betrachtung des komplexen Arbeits- und Berufsfeldes von Fluggerätmechanikern
und Fluggerätmechanikerinnen erscheint die Notwendigkeit der Handlungsorientierung
durchaus plausibel. Diese arbeiten in Luftfahrzeug-Herstellungsbetrieben, in der Wartung und Instandsetzung von Luftfahrzeugen sowie in Zulieferbetrieben für Geräte und
Systeme der Luftfahrttechnik. Zu ihren Aufgaben gehören die Fertigung, die Instandhal-
tung, die Ausrüstung und die Wartung von Luftfahrzeugen mit mechanischen, hydrauli-
schen, pneumatischen, elektrischen und elektronischen Systemen sowie Montagetätig-
keiten an aerodynamischen Baugruppen unter Berücksichtigung betriebsinterner und
nationaler sowie internationaler luftfahrtbehördlicher Anforderungen und Vorgaben.

Im Zuge dieser Neustrukturierung wurde der Rahmenlehrplan statt in Fächer nun in Lernfelder gegliedert. Acht Lernfelder für die ersten beiden Ausbildungsjahre und sechs Lernfelder zusammen für das 3. und das 4. Ausbildungsjahr jeweils bezogen auf die Fach-
richtungen Fertigungstechnik, Instandhaltungstechnik und Triebwerkstechnik. Jedes
dieser Lernfelder ist dabei inhaltlich so gegliedert (neben der Angabe zur Kernkompe-
tenz und dem zeitlich vorgesehenen Umfang), dass sich die Auszubildenden (angelehnt
an das Prinzip der ‚Vollständigkeit der Aufgabenstellungen') die zu erwerbenden Kompetenzen in den Phasen ‚Analysieren', ‚Planen', ‚Durchführen', ‚Interpretieren', ‚Prüfen',
‚Bewerten' und ‚Reflektieren' aneignen können. Die Lernfelder des Rahmenlehrplans orientieren sich dabei an den beruflichen Arbeits- und betrieblichen Geschäftsprozessen.
Deshalb erhalten auch das kundenorientierte Berufshandeln und die Auftragsabwicklung
einen besonderen Stellenwert und sind bei der Umsetzung der Lernfelder in Lernsituati-
onen besonders zu berücksichtigen. Auch mathematische und naturwissenschaftliche
Inhalte sowie sicherheitstechnische, ökonomische, betriebswirtschaftliche und

ökologische Aspekte und englischsprachige Qualifikationen sind in den Lernfeldern integrativ zu vermitteln.

Die jungen Menschen sollen so vor allem zu selbstständigem Planen, Durchführen und Beurteilen von Arbeitsaufgaben im Rahmen ihrer Berufstätigkeit befähigt werden.

Dieser seit dem Jahr 2013 vorgesehene handlungsorientierte Unterricht im Rahmen der Lernfeldkonzeption orientiert sich prioritär an handlungssystematischen Strukturen der Praxis und stellt gegenüber vorrangig fachsystematischem Unterricht eine deutlich veränderte Perspektive dar.[15]

Voraussetzung für diese Art der Ausbildung ist (nach dem Erkennen des Bedarfs) zunächst einmal, dass die entsprechenden Pläne (Rahmenlehrplan (für die Berufsschule), Ausbildungsrahmenplan und Ausbildungsverordnung (für die Betriebe)) erstellt werden. Nach der Fertigstellung (ggf. auch schon während des Erstellungsprozesses) sind die o.g. Pläne von sachkundigen Lehrkräften und Ausbildern zeitlich und sachlich aufeinander abzustimmen. Beides ist im genannten Beispiel im bzw. bis zum Jahr 2013 erfolgt. In der Konsequenz ist es für eine erfolgreiche Umsetzung in der Praxis notwendig, dass sowohl die Länder den Rahmenlehrplan für die Berufsschulen als auch die Betriebe den Ausbildungsrahmenplan und die Ausbildungsverordnung unmittelbar übernehmen. Aufbauend darauf sind dann von beiden Ausbildungspartnern für die jeweiligen Ausbildungsjahre didaktische Planungen und handlungsorientierte Lernarrangements zu entwickeln.

Auch in der beruflichen Erwachsenenbildung gibt es Beispiele für einen verstärkten Fokus auf die Handlungsorientierung. Stellvertretend hierfür soll die Aufstiegsweiterbildung zum ‚Geprüften Meister für Veranstaltungstechnik‘ vorgestellt werden. Die entsprechende Neustrukturierung schlägt sich sowohl im Rahmenlehrplan als auch in der dazugehörigen Prüfungsordnung aus dem Jahr 2009 nieder. Orientierte sich die ‚alte‘ Regelung (aus dem Jahr 1997) noch an einem Strukturmodell für Industriemeister, war fachsystemisch aufgebaut und enthielt hauptsächlich Lehrinhalte aus dem Theaterbereich, sollte eine Neustrukturierung dieser Weiterbildung zu einer Anpassung an aktuelle Gegebenheiten führen und sich an den tatsächlichen modernen Anforderungen der Meister für Veranstaltungstechnik handlungsorientiert Rechnung tragen.

Die Komplexität ihres Berufsfeldes zeigt sich in der Unterschiedlichkeit ihrer möglichen Tätigkeitsbereiche. Meister für Veranstaltungstechnik können sowohl als Selbständige auf dem freien Markt oder als Beschäftigte eines Teams in ‚festen Häusern‘

---

[15] vgl. o.V., „Rahmenlehrplan für den Ausbildungsberuf ‚Fluggerätmechaniker & Fluggerätmechanikerin‘ (Beschluss der Kultusministerkonferenz vom 25.04.2013)", Seite 2 ff.

(Dienstleistungsunternehmen, Theatern, Film- und Fernsehproduktionen, Kongress- und Tagungszentren, Messen, Sportarenen etc.) tätig sein. Dabei haben sie Veranstaltungsprojekte ganzheitlich unter organisatorischen, technischen, sicherheitstechnischen und rechtlichen Aspekten sowohl im operativen Bereich als auch in leitender Funktion zu koordinieren und fachlich verantwortlich zu begleiten. Sie schaffen also Rahmenbedingungen, die es ermöglichen, künstlerische Anforderungen, Marketingkonzepte oder andere Wünsche zur Zufriedenheit der internen und externen Kunden umzusetzen. Dazu gehört die Fähigkeit, ein Projekt von der ersten Kundenberatung bis zur Projektnachbereitung, in der alle Projektphasen einer kritischen Analyse unterzogen werden, zu begleiten. Dabei benötigen sie entsprechendes Wissen, Befähigungen und Kompetenzen. Dies ist in einer fachsystemisch strukturierten Ausbildung schwer abzudecken.

Deshalb sieht die Neustrukturierung aus dem Jahr 2009 vor, die Weiterbildungsqualifikation in Handlungsbereiche zu strukturieren (und so auch anzubieten), die sich an den üblichen Phasen eines Projektes orientieren und diesen in der Praxis entsprechen: Veranstaltungskonzept (Konzept ausarbeiten, Kunden präsentieren), Veranstaltungsplanung (Material-, Personal- und Kostenplanung), Technische Leitung (Abläufe steuern, Durchführung überwachen) und Projektabschluss (Dokumentation, Abrechnung, Reflexion). Sinnvoll erscheint daher ein projektbezogener Aufbau des Bildungsgangs. Die ausgewählten Projekte (aus einer möglichst großen Tätigkeitsbandbreite der zukünftigen Veranstaltungsmeister) steigern sich didaktisch in ihrer Komplexität und ihrem Schwierigkeitsgrad und zwar so, dass die jeweils nächste Stufe Anforderungen beinhaltet, die für die Teilnehmer neu sind und sie vor neue Herausforderungen stellt.

Am Ende der Qualifikationsmaßnahme sollen die Teilnehmer in einem Prüfungsteil ‚Situative Aufgabe' Problemstellungen berufstypisch und handlungsorientiert lösen, wie sie Meister typischerweise in der Praxis vorfinden. Dabei werden keine fachsystemischen Wissensbestände und isolierte Kenntnisse abgefragt, sondern es steht der Nachweis von Kompetenzen in Handlungszusammenhängen im Vordergrund. In einem weiteren Prüfungsteil (‚Projektarbeit') sollen die Teilnehmer innerhalb einer bestimmten Bearbeitungszeit mittels einer Hausarbeit zeigen, dass sie ihre in der Praxis gereifte und in der Weiterbildungsmaßnahme erlernte Fachlichkeit zusammenhängend in Veranstaltungsprojekten anwenden können. Diese Prüfung wird ergänzt durch eine abschließende Präsentation dieser Projektarbeit und einem sich anschließenden Fachgespräch. Dieses Gespräch stellt einen fachlichen Dialog dar und dient ebenfalls nicht zur Abfrage fachlichen Wissens.[16]

---

[16] vgl. ver.di, „Geprüfter Meister für Veranstaltungstechnik/Geprüfte Meisterin für Veranstaltungstechnik", Seite 7 ff.

Wie auch beim ersten Beispiel ist eine Voraussetzung für diese Art der Weiterbildung das Erkennen des Bedarfs und die entsprechende Gestaltung eines Rahmenlehrplans sowie einer Prüfungsordnung (beides erfolgte im Jahr 2009 und in den Jahren davor). In der Konsequenz ist es auch hier für eine erfolgreiche Umsetzung in der Praxis notwendig, dass Weiterbildungsorganisationen dieses Konzept anbieten, umsetzen und entspreche Abstimmungen mit der jeweils prüfenden Stelle (IHK) vornehmen.

Einsendeaufgabe 3

Das Konzept des gleichberechtigten Vergleichens

Lösung

„So groß und verständlich unser Wunsch nach Wahrheit ist, so wenig können wir wissen, was wirklich wahr ist. Denn in dem, was wir glauben tatsächlich zu sehen, sehen wir gleichzeitig auch unsere Erfahrungen aus der Vergangenheit. Wahrnehmung ist also auch schon Interpretation."[17] Das Konzept des gleichberechtigten Vergleichens baut auf dieser Erkenntnis auf und geht dabei davon aus, dass es keine reinen Sinnesdaten gibt, die eins zu eins vom Menschen abgebildet werden. Denn schon während der Verarbeitung wahrgenommener Informationen in unserem Gehirn entstehen erste Deutungen. Das bedeutet, die Wahrnehmung (Sinneseindrücke) und die Repräsentation dieser Wahrnehmung (Gedächtnis) verschmelzen im diesem Augenblick zu einer individuellen Konstruktion der Wirklichkeit. Dabei kann keine Aussage mehr darüber getroffen werden, was wirklich ‚wirklich wahr' ist. Sondern eben nur darüber, was jeder Einzelne für wahr hält. Am Ende dieses Prozesses werden dann individuell bestimmte Dinge als ‚wahr' oder ‚feststehend' gedeutet.[18] Anders ausgedrückt: „Nicht alles, was auch gemeint sein könnte, ist gültig, d. h. die verschiedenen Interpretationen sind zwar für den einzelnen gültig, aber nicht für alle Beobachter gleich gültig."[19]

Diese selbsteinschließende Reflexion ist allerdings nur der erste Schritt bzw. die erste Stufe in einem drei Stufen umfassenden ‚Modell der Verständigung' auf dem Weg zu einem Potenzial erschließenden Umgang mit Gegenübersystemen. Diese Erkenntnis bleibt „ohne Konsequenz für das gestaltende Handeln, wenn die verantwortlichen Akteure nicht darüber hinaus weitere Stufen der Verständigung professionell zu gehen lernen."[20] Die zweite Stufe repräsentiert das ‚Konzept des gleichberechtigten Vergleichens'. „Auf dieser Stufe wird der wertschätzende Umgang mit den Deutungen und Interpretationen anderer perfektioniert. Dabei tritt die eigene Gewissheit als dominanter Referenzpunkt mehr und mehr zurück und wird abgelöst durch eine auf Evidenz und gleichberechtigten Vergleich bezogene Form des Schlussfolgerns."[21] Und schließlich auf der dritten Stufe des Models der Verständigung (‚Soziale Konstruktion im Diskurs') „[...] haben die verantwortlichen Akteure ihre Fähigkeit zur gelingenden Gesprächsführung perfektioniert. Sie sind in der Lage, gemeinsame Lesarten zu kontroversen Standpunkten zu erarbeiten und zu teilen."[22]

---

[17] Stock, J., „Es könnte auch alles ganz anders sein", in: Weiterbildung (1/2015), Seite 26 ff.
[18] vgl. ebd., Seite 26 ff.
[19] Arnold, R., „Emotionale Kompetenz durch angeleitete Selbstbildung", Seite 29.
[20] ebd., Seite 30.
[21] ebd., Seite 31.
[22] ebd., Seite 31.

Speziell die zweite Stufe (‚Konzept des gleichberechtigten Vergleichens') kann geübt werden mithilfe der Schritte eines ‚Plädoyers vom anderen her'. Dieses Plädoyers umfasst im Einzelnen die Stufen ‚Ansprache', ‚Lauschen', ‚Interview', ‚Unterstützen' und ‚Debatte' und ist eine Führungs- und Gesprächsstrategie, bei der bewusst von der Sichtweise des Anderen ausgegangen wird und nicht von der eigenen Position.

Wie ist das ‚Konzept des gleichberechtigten Vergleichens' nun systemisch-konstruktivistisch begründet? Die systemisch-konstruktivistische Argumentation geht davon aus, dass jedes Individuum innerhalb des gesellschaftlichen Systems seine höchst individuelle und subjektive Wirklichkeit konstruiert und diese auch nach außen hin vertritt. Die darin enthaltene philosophische individualistisch-solipsistische Dimension besagt, dass für ein Individuum nur das eigene Ich existiert und es unmöglich sei, Gewissheit über eine Realität außerhalb des eigenen Bewusstseins zu erlangen.

Da aber die Gesellschaft (in der jedes der o.g. Individuen bzw. Beobachter lebt) nicht objektiv gegeben ist, sondern aktiv, diskursiv und sozial konstruiert wird, geht es in dem Zusammenhang „[...] um die Frage, wie der reflektierte Beobachter selbst nicht nur an seiner eigenen, sondern auch an der sozialen Konstruktion der Wirklichkeit beteiligt ist. Diese entsteht nämlich aus den Diskursen über die Vielfalt der Deutungen und Interpretationen mit dem Ziel, gemeinsame Lesarten zu (er)finden, die von mehreren Beteiligten als tragfähige Sicht der Wirklichkeit angesehen und akzeptiert werden können."[23]

„Konkret bedeutet dies, dass die Beobachter zwar gewohnheitsmäßig beobachten - eine Form, derer sie sich allerdings bewusst werden und deren verzerrende Wirkung sie minimieren können. Dann können sie sich mit dem Gegenüber gezielter in Verbindung bringen, nämlich

a) indem sie lernen nachzufragen, Erklärungen erbitten und sich des korrekten Verständnisses versichern und

b) indem sie diskursiven Austausch und Verständigung üben - mit dem Ziel, gemeinsame Lesarten zu erarbeiten."[24]

„Die Fähigkeiten zum gleichberechtigenden Vergleich lebt nicht allein von dem nüchternen Verständnis der Mechanismen, die in uns das Gefühl der Gewissheit erzeugen, sie leitet sich auch aus den systemischen Einsichten ab, dass kein Mensch auskunftsbereit und kooperationswillig ist, wenn er nicht das Gefühl haben darf, wertschätzend angesprochen zu werden. Der gleichberechtigende Vergleich ist somit ein wertschätzender Vergleich. Eine solche Verschränkung der Perspektiven zwischen Individuen kann tatsächlich angebahnt werden, und die kooperative Konstruktion einer gemeinsamen

---

[23] ebd., Seite 29.
[24] ebd., Seite 30.

Wirklichkeit kann gelingen [...]."[25] Nach Kenneth J. Gergen kann dann von einem sozialen Konstruktivismus oder einer sozialen Konstruktion der Wirklichkeit gesprochen werden, die erklärt, wie Klärungen herbeigeführt, Absprachen getroffen und Handlungen wirksam koordiniert werden.[26]

Das ,Konzept des gleichberechtigten Vergleichens' beinhaltet mehrere potenzialerschließende Möglichkeiten. Durch die logisch-kognitive Dimension des Prinzips des wertschätzenden Vergleichs benötigt das vergleichende Individuum einen klaren eigenen Standpunkt. Ist dieser schon vorhanden, kann er gestärkt werden. Ist er noch nicht entsprechend ausgeprägt, besteht die Möglichkeit, diesen zu erzeugen. Durch die wertschätzende Haltung kann zudem die Achtung vor anderen Menschen entwickelt oder weiterentwickelt werden. „Und wer beides gleichzeitig tut: wertschätzt und vergleicht, benötigt darüber hinaus ein stabiles Selbst, das nicht dadurch aus der Balance gerät, dass eine andere Wahrheit gleichzeitig Gültigkeit haben kann, ohne dass dadurch die eigene erschüttert wird."[27] Bevor Verschiedenheit überwunden werden kann, muss sie ausgehalten werden. In dieser Zeit, in der man beständig sich selbst und die eigenen Werte infrage stellt, wird die Diversitätskompetenz ,trainiert'. „Diese Fähigkeit markiert den Kern jeglicher Beziehungsfähigkeit. Von ihr profitieren nicht nur die professionellen, sondern auch die persönlichen Beziehungen. Beide leben von der gleichberechtigenden und wertschätzenden Kommunikation zwischen den Akteuren."[28] Weitere Potenziale, die in dem Zusammenhang erschlossen werden, sind beispielsweise die eigene Offenheit, Flexibilität, die Gelassenheit im Umgang mit anderen und ein reflexiver Zugang zu sich selbst. Eine entwickelte Persönlichkeit nimmt auch Infragestellungen und Kritik nicht persönlich, da sie weiß, dass Denken, Wissen und Urteilen immer nur Annäherungsversuche an die Wirklichkeit darstellen.[29]

Traditionelle Lehr-Lern-Situationen sind meist dadurch geprägt, dass dem Lehrenden die Position des Machthabenden zukommt, der also, der entscheidet, was wie gelernt wird. Soll das ,Konzept des gleichberechtigten Vergleichens' in einer solchen Situation wirksam werden, muss diese Interaktion zwischen dem Lehrpersonal und den Lernenden anders gestaltet werden. Die Wahrheiten, die ein Lehrender im Laufe seines Lebens angesammelt hat, sind nicht die Wahrheiten der Lernenden. Das Wissen kann nicht in die Lernenden ,hineintransportiert' werden, sondern was von diesen gelernt wird und welche Wirklichkeiten sie dabei erzeugen, hängt von Ihnen selbst und ihren Erfahrungen ab, eingebettet in kulturelle und soziale Kontexte.[30]

---

[25] ebd., Seite 32.
[26] vgl. ebd., Seite 29.
[27] ebd., Seite 31.
[28] ebd., Seite 32.
[29] vgl. ebd., Seite 39.
[30] vgl. Grugger, H. u.a., „Systemischer Konstruktivismus", Seite 5.

Es müssen also nicht Personen und ein ‚Wissenstransport', sondern vielmehr Lernpro-
zesse gesteuert und diskursiv gestaltet werden. Lernen findet zwar im Kopf jedes einzelnen Menschen als Umstrukturierung und Vernetzung von Synapsen statt, aber die
Stimulation und Wiederholung dazu entsteht vor allem durch eine Zusammenarbeit mit
anderen, durch die sogenannte Ko-Konstruktion von Wissen. Diese Ko-Konstruktion von
Wissen (vom Lehrenden und den Lernenden gemeinsam) kann vor allem in der zweiten
Stufe der Verständigung (dem gleichberechtigten Vergleich) stattfinden.

Die mit Vorwissen, Vorerfahrungen und einem Bestand an Kompetenzen in die Lehr-
Lern-Situationen eintretenden Personen werden dabei zunächst in den Kontext des
Lernszenarios integriert und entdecken bzw. entfalten die Problemstellung. Anschlie-
ßend entwickeln die Lerner eigene Hypothesen, Deutungsansätze, Bearbeitungsideen
und individuelle Vorstellungen zu dieser Problemstellung. Durch Lernmaterialien (Texte,
Arbeitsblätter) oder durch die Lehrkraft selbst (z.B. Lehrvortrag) erhalten die Lernen weitere Informationen. Im nächsten Abschnitt des Lernprozesses ‚greift' der gleichberech-
tigte Vergleich. Bei der Bearbeitung der Lernmaterialien und beim Erstellen eines Lern-
produktes werden neue Vorstellungen gebildet, alte erweitert oder ausgeschärft und prä-
zisiert. Diese individuellen neuen Vorstellungen werden hier in der Gruppe (inkl. dem
Lehrenden) artikuliert, verbalisiert, umgewälzt und mit denen anderer Lernern wertschätzend abgeglichen und verhandelt. In diesem Schritt wird sich die Lerngruppe auf gemeinsame Erkenntnisse im Sinne eines ‚gemeinsamen Kerns' verständigen. Indem die
Lernprodukte diskutiert und verhandelt werden, verfestigen sie sich zu Erkenntnissen
und Lernzuwächsen.[31]

Die „von der Lehrkraft angeleiteten Reflexionen über die Lernvorgänge (Metareflexio-
nen) und qualifizierte Rückmeldungen durch die Lehrkraft sind im Lernprozess wichtig,
um Könnensbewusstsein, Lernerpersönlichkeit und Selbstvertrauen zu entwickeln. Die
Rückmeldungen gehen an die einzelnen Lerner, aber auch an die gesamte Lerngruppe.
Die Lehrkraft holt bei den Lernern Feedback ein, um Bewusstheit über die Wirksamkeit
des eigenen Lehrens zu erhalten."[32]

---

[31] vgl. Leisen, J., „Ein Lehr-Lern-Modell für personalisiertes Lernen durch Ko-Konstruktion im adaptiven
Unterricht in heterogenen Lerngemeinschaften", Seite 26 - 27.
[32] Leisen, J., „Ein Lehr-Lern-Modell für personalisiertes Lernen durch Ko-Konstruktion im adaptiven Unterricht in heterogenen Lerngemeinschaften", Seite 28.

Einsendeaufgabe 4

Besondere Persönlichkeitsmerkmale

Lösung

Bei den ‚Big Five' handelt es sich um fünf grundlegende und dauerhafte Merkmale, deren jeweilige Ausprägung eine ‚Persönlichkeit' im Wesentlichen ausmachen. Sie werden in folgende Bereiche unterteilt:

- Extraversion: Ist eine Person eher energiegeladen, durchsetzungsfähig und gesprächig oder zurückhaltend, ruhig und schüchtern.
- Verträglichkeit: Damit ist die Ein- und Mitfühlsamkeit gegenüber anderen Menschen gemeint.
- Gewissenhaftigkeit: Entweder ist ein Mensch gewissenhaft, also organisiert, verantwortungsbewusst und vorsichtig oder das Gegenteil davon (sorglos, leichtsinnig und verantwortungslos).
- Neurotizismus: Hier stehen auf der einen Seite Merkmale wie ‚stabil', ‚ruhig' und ‚zufrieden' und auf der anderen Seite ‚ängstlich', ‚instabil' und ‚launisch'.
- Offenheit für Erfahrungen: Wird Neues offen aufgenommen oder neue und ungewohnte Erfahrungen vermieden bzw. ignoriert.[33]

Die Ausprägung dieser einzelnen Merkmale bestimmt den Umgang mit und die Reaktion eines Menschen auf Veränderungen und Lebensereignisse. In der Lebensereignisforschung wird im Wesentlichen zwischen normativen und nicht-normativen Lebensereignissen unterschieden. „Normativ sind Lebensereignisse dann, wenn sie mit hoher Wahrscheinlichkeit in bestimmten Altersphasen bestimmter Gruppen auftreten. [...] Der Beginn des Berufslebens, Heirat, die Geburt des ersten Kindes, der Auszug von erwachsenen Kindern, der Übertritt in die Rente sind Ereignisse, die in einem bestimmten Alter typisch und erwartbar, also normativ sind."[34]

„Nicht-normativ sind demgegenüber diejenigen Lebensereignisse, deren Auftreten nicht an eine bestimmte Altersstufe gebunden ist, und die daher nicht vorhersehbar sind. Todesfälle, Scheidungen, Erkrankungen oder unerwartete berufliche Veränderungen sind Ereignisse, die nicht in gleicher Weise erwartbar sind, wie dies bei normativen Ereignissen der Fall ist. Die Verarbeitung und Bewältigung von Lebensereignissen, um die es hier ja geht, fällt in diesen Fällen im Durchschnitt schwerer, weil man unvorbereitet auf sie trifft und sich nicht in ähnlich zwangloser Weise an Älteren orientieren kann, wie dies bei normativen Ereignissen möglich ist."[35]

---

[33] vgl. Höffer-Mehlmer, M., „Persönlichkeits- und Kreativitätsförderung", Seite 13 & 14.
[34] ebd., Seite 26 & 27.
[35] ebd., Seite 27.

Anhand des nicht-normativen Lebensereignisses einer plötzlich auftretenden Arbeitslosigkeit soll der damit verbundene (erwartbare) Umgang einer ausgeprägt extrovertierten und einer sehr introvertierten Person erläutert werden. Bei einer Kündigung kann von einem nicht-normativen Lebensereignis ausgegangen werden, da sie meist überraschend kommt und beispielsweise auf eine ausbleibende Vertragsverlängerung, eine Sparmaßnahme des Unternehmens oder auf eine kurzfristige Insolvenz zurück zu führen ist.

Da Extrovertierte oft sehr kontaktfreudig und aktiv sind und einen starken Willen zum Handeln haben, kann davon ausgegangen werden, dass sie sich nach dem Eintritt der Arbeitslosigkeit umgehend Gedanken zu den nächsten Schritten machen, die diese neue Situation ihrer Meinung nach erfordert. Beispielsweise werden sie sich vermutlich sehr bald darüber informieren, wo sie sich arbeitslos oder arbeitssuchend melden können, welche kurzfristigen Möglichkeiten zur Vermittlung einer neuen Arbeitsstelle bestehen und welche finanziellen Möglichkeiten angeboten werden. Es ist zu vermuten, dass sie sich auch aktiv auf Stellensuche begeben (Zeitungen und Internetportale sichten und sich aktiv bewerben) und ihre ständig ‚ausgefahrenen Antennen' nutzen, um auch durch persönliche Kontakte wieder in eine feste Anstellung zu gelangen. Da Extrovertierte ebenso einen starken Willen zum Gestalten haben, könnten sie diese Situation auch als Chance auf einen Neuanfang sehen und diese auch versuchen so zu bewältigen. Es ist zu erwarten, dass sie das Problem aktiv angehen und dessen Lösung praktisch herbeiführen wollen. Demgegenüber kann das Selbstvertrauen des Extrovertierten brüchiger sein, als es scheint. Besonders Erfolgsverwöhnten kann auch ein tiefer Absturz drohen, wenn durch eigene Fehler oder Schicksalsschläge ihr weit verästeltes ‚Sicherheits-Netzwerk' (beispielsweise durch eine Kündigung) nicht mehr trägt. Die Fallhöhe des Extrovertierten bei einer Lebenskrise kann ungleich höher sein als bei einem Introvertierten.

Introvertierte Menschen sind dagegen eher zurückhaltend und werden vermutlich zunächst mit dieser plötzlich eingetretenen Negativsituation hadern und die Schuld bei sich selbst suchen. Da sie zurückhaltender und passiver als extrovertierte Menschen sind, ist zu erwarten, dass sie nicht direkt aktiv versuchen werden, sich der Lösung des Problems anzunehmen, sondern sich zunächst zurückziehen, um über die nächsten Schritte detailliert und konzentriert nachzudenken. Auch ist zu vermuten, dass sie die Verarbeitung dieser neuen Situation ‚nach innen gerichtet' zunächst mit sich selbst ‚ausmachen'. Aufgrund ihrer Schweigsamkeit und ihrer ruhigen Art ist ebenfalls zu erwarten, dass sie (möglicherweise aus Scham) mir wenigen Menschen über ihre Arbeitslosigkeit sprechen werden und sich somit der Chance berauben, durch aktive Netzwerknutzung eine neue Arbeitsstelle zu finden. Statt die Chance auf einen Neuanfang zu sehen, plagen introvertierte Menschen vielmehr Zukunftsängste und Geldsorgen. Auf Dauer laufen sie dabei Gefahr in ein belastendes Gedankenkarussell zu geraten und sich in Grübelei zu ‚verfangen'. Lieber schlafen introvertierte Menschen nochmal zwei Nächte über eine Entscheidung, bevor sie sich entschließen zu handeln.

Als Beispiel eines normativen Lebensereignisses soll im Folgenden der Übertritt in die Rente (Pensionierung) auf extrovertierte und introvertierte Personen und deren vermuteten Umgang damit bezogen werden. Bei einer Pensionierung handelt es sich deshalb um ein normatives Lebensereignis, da sie typischerweise in einem bestimmten Alter eintritt (also absehbar) und ebenso gesetzlich geregelt ist. Der Eintrittszeitpunkt ist i.d.R. mehrere Jahre im Voraus bekannt.

Da der Übertritt in die Pensionierung also normalerweise nicht unvorbereitet eintritt, kann man sich (wie oben erwähnt) in zwangloser Weise und frühzeitig an Älteren orientieren, die diesen Übertritt bereits hinter sich und sich in dieser neuen Lebenssituation ggf. auch schon mehrere Jahre eingerichtet haben. Da Extrovertierte als gesellige und gesprächige Personen gelten, ist zu erwarten, dass sie von dieser Eigenschaft Gebrauch machen. Dabei werden sie aktiv die Initiative bei entsprechenden Sozialkontakten ergreifen, um im gegenseitigen Austausch (von Älteren oder auch Gleichaltrigen) frühzeitig über den Gegenstand der Pensionierung und deren Gestaltungsmöglichkeiten zu lernen (auch in finanzieller Hinsicht). Da sie von Natur aus als aktive und unternehmungslustige Menschen gelten, werden sie das Mehr an Freizeit zu nutzen wissen. Durch ihr der Außenwelt zugewandtes Wesen, durch ihre zahlreichen Kontakte und durch routinierte Geselligkeit erworbene Souveränität im Umgang mit Menschen lässt sie dann (auch manche unvorhergesehene) Schwierigkeit leichter bewältigen.

Da introvertierte Menschen kein sonderlich ausgeprägtes Verlangen haben, mit anderen in Kontakt zu kommen, ist zu vermuten, dass sie sich nicht durch sozialen Austausch auf diese Situation vorbereiten, sondern vielmehr durch passive Beobachtung und die Wahrnehmung von Stimmungen. Ihre Aufmerksamkeit ist dabei überwiegend nach innen als nach außen gerichtet. Sie werden sich möglicherweise mit Fachartikeln und schriftlichen Ratgebern zu diesem Thema beschäftigen, als im gegenseitigen Austausch mit anderen. Dies aber dann sehr gewissenhaft und detailliert. Auf der anderen Seite könnte aber auch die Gefahr bestehen, dass introvertiert veranlagte Menschen die ‚drohende' Pensionierung verdrängen und sie von dieser dann völlig unvorbereitet getroffen werden.

Eine Beförderung stellt eine oftmals unerwartete berufliche Veränderung dar und kann als ein nicht-normatives Lebensereignis bezeichnet werden. Im Folgenden soll mit diesem Beispiel gezeigt werden, welcher Umgang bei einem sehr offenen und einem sehr verschlossenen Menschen in Bezug auf das Persönlichkeitsmerkmal ‚Offenheit für Erfahrungen' naheliegt.

Eine Person mit stark ausgeprägter Offenheit für Erfahrungen könnte durch eine aktive Bewerbung auf eine offene Stelle (intern oder extern) eine daraus entstandene Beförderung selbst initiiert haben. Menschen mit einer besonderen Ausprägung dieses Persönlichkeitsmerkmals sind von Natur aus intellektuell neugierig und ständig auf der Suche nach Abwechslung. Deshalb liegt es nahe, dass sie eine (angebotene) Beförderung mit Freude annehmen und sich wissbegierig der neuen Herausforderung und den neuen Aufgaben stellen werden. Sie scheuen ‚das Neue' nicht. Ganz im Gegenteil, sie werden einfallsreich, phantasievoll und originell auf die unbekannte Umgebung, die neuen Arbeitskollegen, die unbekannten Strukturen und Abläufe und ggf. auf die neuartigen sozialen, ethischen und unternehmenspolitischen Wertvorstellungen eingehen.

Von einer Person mit schwach ausgeprägter Offenheit ist eine solche vorgelagerte Initiative (Bewerbung) vermutlich nicht zu erwarten. Sie vermeiden eher Arbeitsplatzwechsel und berufliche Veränderungen. Und da sie konservativ und konventionell eingestellt sind, liegt es nahe, dass sie einer (angebotenen) Beförderung eher kritisch gegenüber stehen und diese (oder die Möglichkeit dazu durch eine Bewerbung) entweder ignorieren oder ganz abwehren. Sie sind nicht interessiert an ungewohnten Erfahrungen und bevorzugen das Bekannte und Bewährte ihres Arbeitsplatzes. Verschlossene Menschen scheuen sich zudem davor, ihre gewohnte und routinierte Arbeitsumgebung zu verlassen und sind vorsichtig, sich auf neue Arbeitskollegen, andere Vorgesetzte und unbekannte Strukturen und Abläufe einzulassen.

Literaturverzeichnis

Arnold, R. (2016). Emotionale Kompetenz durch angeleitete Selbstbildung. Studienbrief EB 0520 des Master-Fernstudiengangs der TU Kaiserslautern. Unveröffentlichtes Manuskript. Kaiserslautern.

Grugger, H. u.a., Systemischer Konstruktivismus. Online verfügbar unter https://www.uibk.ac.at/ils/downloads/lernkulturen/systemischer-konstruktivismus.pdf *(abgerufen am 13.06.2017)*.

Höffer-Mehlmer, M. (2012). Handlungs- und erfahrungsorientiertes Lernen in der Erwachsenenbildung. Studienbrief EB 0510 des Master-Fernstudiengangs der TU Kaiserslautern. Unveröffentlichtes Manuskript. Kaiserslautern.

Höffer-Mehlmer, M. (2012). Persönlichkeits- und Kreativitätsförderung. Studienbrief EB 0530 des Master-Fernstudiengangs der TU Kaiserslautern. Unveröffentlichtes Manuskript. Kaiserslautern.

Leisen, J., Ein Lehr-Lern-Modell für personalisiertes Lernen durch Ko-Konstruktion im adaptiven Unterricht in heterogenen Lerngemeinschaften. Online verfügbar unter http://www.ph-vorarlberg.ac.at/fileadmin/user_upload/RED_zentrum/RED_forsch/docs/ FE23_02_Leisen.pdf *(abgerufen am 13.06.2017)*.

Schad, N. (2002). Outdoor-Training. Hermann Luchterhand Verlag. Neuwied

Ständige Konferenz der Kultusminister der Länder in der Bundesrepublik Deutschland (Hg.) (2013). Rahmenlehrplan für den Ausbildungsberuf ‚Fluggerätmechaniker und Fluggerätmechanikerin' (Beschluss der Kultusministerkonferenz vom 25.04.2013). Berlin.

Stock, J., Es könnte auch alles ganz anders sein, in: Weiterbildung (1/2015). Online verfügbar unter http://www.juergen-stock.de/wp-content/uploads/2014/Artikel_ Weiterbildung.pdf *(abgerufen am 11.06.2017)*.

ver.di (2013). Geprüfter Meister für Veranstaltungstechnik/Geprüfte Meisterin für Veranstaltungstechnik (Erläuterungen der prozessorientierten Strukturen und des Qualifizierungs- und Prüfungskonzeptes). Berlin.

BEI GRIN MACHT SICH IHR WISSEN BEZAHLT

- Wir veröffentlichen Ihre Hausarbeit,
  Bachelor- und Masterarbeit

- Ihr eigenes eBook und Buch -
  weltweit in allen wichtigen Shops

- Verdienen Sie an jedem Verkauf

Jetzt bei www.GRIN.com hochladen und kostenlos publizieren